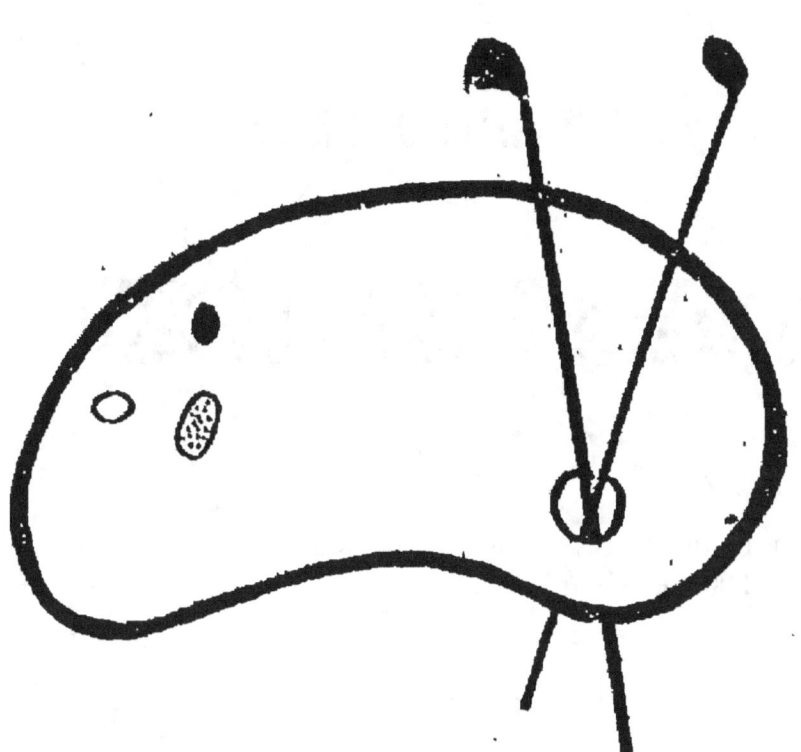

DEBUT D'UNE SERIE DE DOCUMENTS
EN COULEUR

13 février 1856 février 56

Exemplaire de Beurdeley père.

VENTE DUFOULEUR

TABLEAUX

Mᵉ CHARLES PILLET, Commissaire-Priseur.
M. FEBVRE, Expert.

Les 13, 14, 15 et 16 Février 1856.

Un deuxième Catalogue comprendra le détail des Curiosités.

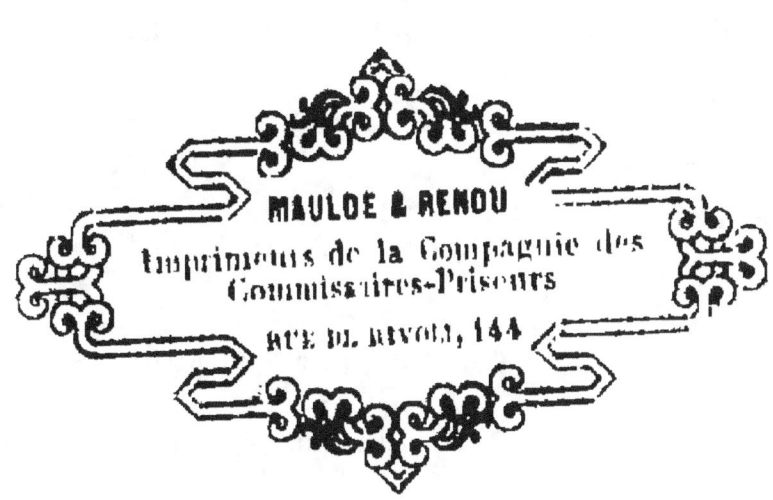

CONDITIONS DE LA VENTE.

Elle sera faite au comptant.

Les acquéreurs paieront, en sus des adjudications, 5 centimes par franc, applicables aux frais.

LE CATALOGUE SE DISTRIBUE :

Paris............	Chez MM. Charles PILLET, commissaire-priseur, rue de Choiseul, 11.
	FEBVRE, expert, rue de Choiseul, 15.
Lille	TENGÉ
Londres.........	CRISTIE et TARRER.
Bruxelles.......	LEROY et LEBIS.
La Haye........	ENTHOVEN.
Amsterdam	BROUDGHEST.
Rotterdam.....	LAMME, artiste peintre.

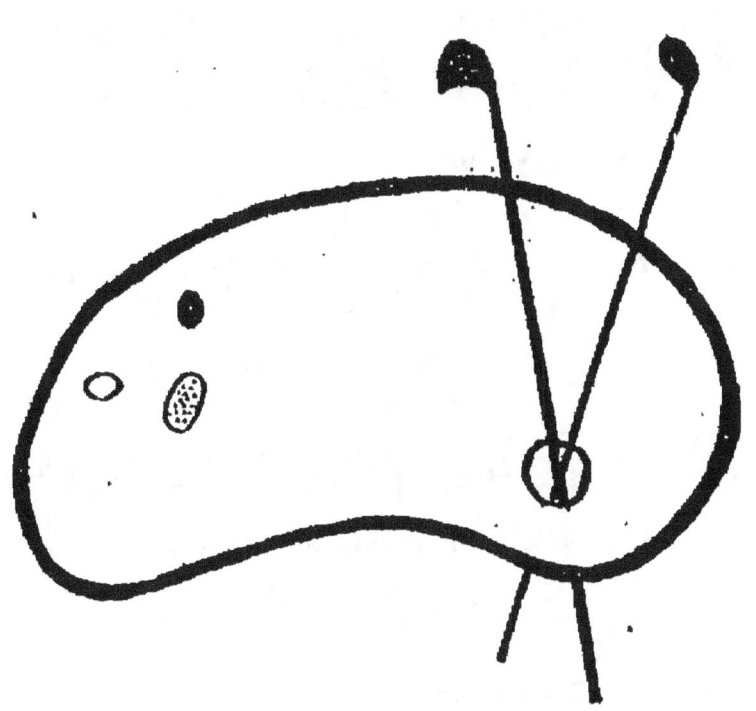

FIN D'UNE SERIE DE DOCUMENTS
EN COULEUR

CATALOGUE

D'UNE

PRÉCIEUSE COLLECTION

DE

TABLEAUX

ANCIENS DE TOUTES ÉCOLES

ET DE PLUS DE

300 Groupes, Figurines et Bas-Reliefs

EN IVOIRE ET BOIS SCULPTÉ

DONT LA VENTE AUX ENCHÈRES PUBLIQUES AURA LIEU

Après décès de

M. L'ABBÉ DUFOULEUR

HOTEL DES COMMISSAIRES-PRISEURS

RUE DROUOT, N. 5

GRANDE SALLE N° 8.

Les Mercredi 13, Jeudi 14, Vendredi 15 et Samedi 16 Février 1856

à une heure très précise les Vacations étant chargées.

Par le ministère de M° CHARLES PILLET, Comm.re-Priseur,
rue de Choiseul, 11,

Successeur de M. **BONNEFONS DE LAVIALLE**,

Assisté de M. FEBVRE, Expert, rue de Choiseul, 13,

chez lesquels se distribue ce catalogue.

EXPOSITION PUBLIQUE

Le Mardi 12 Février 1856, de midi à cinq heures.

—

1856.

Depuis le commencement de la saison, aucune Vente n'a offert autant d'intérêt qu'en présentera celle de M. l'abbé Dufouleur, amateur patent, sérieux, qui mit plus de trente années à choisir des chefs-d'œuvre qui aujourd'hui vont être dispersés et vivement disputés aux enchères publiques.

Les tableaux se composent en partie de productions flamandes, des plus beaux échantillons de ces maîtres consciencieux qui, sans sacrifier ce que l'art exige, regardaient le fini comme une des qualités essentielles. Quoi de plus agréable que les vingt-huit tableaux de Breughel décrits au présent Catalogue; que ces riants paysages avec leurs moulins pittoresques; ces autres avec des rivières sur lesquelles voguent des barques chargées de paysans se rendant aux villes voisines; ces marchés, ces abreuvoirs, ces entrées de villes et de villages, ces sites boisés, sillonnés de routes couvertes de cavaliers, de voyageurs et de charriots, et enfin ces scènes naïves de Kermesse qui retracent, au plus degré, les mœurs si simples de cette époque. Des églises de Pierre Neefs; trois compositions par le consccncieux Staveren, dont le pinceau s'est souvent rapproché de celui de Gérard Dow; d'autres productions par les Frank, les Polemburg, les Van Balen et autres terminent la série des maîtres flamands. Une Sainte-Famille de Carlo Maratti tient une place distinguée dans l'école italienne; deux petits Murillo dans l'école espagnole, et, enfin l'école française avec Demarne, Boilly, Franquelin, complète ce bel ensemble artistique.

Les objets de curiosité ne sont pas moins intéressants. Plus de trois cents pièces en ivoire sculpté, comprenant des bas-reliefs admirables, des groupes, statuettes et médaillons exécutés par les meilleurs maîtres des XVe, XVIe, XVII et XVIIIe siècles s'y trouvent réunis. D'autres groupes, figures et bas-reliefs en bois sculpté, d'un travail flamand et italien, apportent un nouvel attrait à cette importante collection. La description la plus simple a été faite pour chaque objet, afin de ne pas augmenter l'importance du Catalogue, qui ne compte pas moins de cinq cent trente objets décrits.

Cette Vente nous attirera, nous l'espérons, l'heureux concours des Amateurs distingués et des Négociants qui, amateurs eux-mêmes, trouveront le double avantage de satisfaire leur goût et leurs intérêts.

A. FEBVRE.

DÉSIGNATION
DES TABLEAUX.

ÉCOLE ITALIENNE

ALBANE.

1 — Jésus, la Vierge et Saint Joseph agenouillés, adressant leurs prières au Très-Haut.

ALBERTINELLI.

2 — La Visitation.

ALLORI (Alexandre).

3 — Le Triomphe de Judith.

BARROCHE (Frédéric).

4 — Sainte Famille.

DU MÊME.

5 — L'Ange Gabriel.

DU MÊME.

6 — Saint François adorant Jésus.

CANELLA.

7 — Voyageurs à la porte d'une hôtellerie italienne.

CARRACHE (Annibal).

8 — Madeleine repentante.

CARRACHE (Genre de).

9 — La Vierge, Jésus et Saint Jean.

CARRACHE (Louis).

10 — La Vierge soutient et contemple avec douleur le corps inanimé du Rédempteur.

CEPPALONI.

11 — Saint Joseph et Saint Jean adorant Jésus nouveau-né.

CRESPI (Maria).

12 — La Présentation au temple.
13 — L'Assomption.

DOLCI (Carlo).

14 — Le Sommeil de Jésus.

DOLCI (Carlo, d'après Raphaël).

15 — Tête de Vierge.

GUIDE (D'après).

16 — Madeleine suppliante.   Miniature.

GENNARI (Laurent).

17 — L'Assomption de la Vierge.

MARATTI (Carlo).

18 — La Vierge, Jésus, Saint Joseph et Saint Jean.

Sous un portique, la Vierge est assise près du berceau de son fils bien-aimé qui, sur les genoux de sa mère, sourit à Saint Jean qui lui offre des fleurs. Saint Joseph suspend son travail, et contemple avec tendresse cette scène intéressante. Des Chérubins voltigent au dessus du groupe sacré.

Ravissante production de ce maître.

DU MÊME.

19 — La Vierge et Jésus.

DU MÊME.

20 — Un ange montre à Saint François le Saint Sépulcre, devant lequel il se recueille pieusement.

Provenant de la Collection Vesisero de Susa.

MOLA (F.).

21 — La Nativité.

PÉSARO (Simon de).

22 — Sainte Famille et le petit Saint Jean.

RAPHAEL (Genre de).

33 — La Vierge et Jésus.

RAPHAEL (École de).

24 — Même composition que le précédent.

RAPHAEL (D'après).

25 — Tête de Vierge.

ROMANELLI.

26 — Jésus et la Samaritaine.

STELLA.

27 — La Vierge et l'Enfant Jésus.

STELLA (Attribué à).

28 — Repos de la Sainte Famille.   Miniature sur vélin.

TIÉPOLO (Signé).

29 — L'Adoration des Mages.

TITIEN (Attribué à).

30 — Deux saints Évêques.

VANNINI (Octave).

31 — Saint Jean propageant la parole divine.
32 — Un saint apôtre guérissant des malades.

ZAMPIÉRI (D., dit le Dominiquin, d'après).

33 — Le roi David chantant les louanges de Dieu.
Musée impérial n° 490.

ÉCOLE ESPAGNOLE

JOUANNÈS (de Castille).

35 — Chartreux et franciscains en prière. 2 pendants.

MURILLO (Esteban).

36 — Tête d'Enfant Jésus.

DU MÊME.

37 — Saint François adorant Jésus.

MURILLO (École de).

38 — L'Enfant Jésus soutenu sur des nuages.

PÉREZ (de Séville).

39 — La Vierge et Jésus couronnés par deux anges.

ÉCOLES FLAMANDE ET HOLLANDAISE

ANTONISSEN.

40 — Paysage. A droite, groupe de villageois réunis à l'entrée d'un village, à gauche, prairie avec animaux au repos.

DU MÊME.

41 — Le Départ pour la ville.

DU MÊME.

42 — Le Départ pour le marché.

BALEM (Van).

43 — Deux anges.

DU MÊME.

44 — La Fuite en Égypte.

DU MÊME.

45 — Repos de la Sainte Famille.

DU MÊME.

46 — Salutation angélique.

DU MÊME.

47 — L'Assomption de la Vierge.

DU MÊME.

48 — Le Repos de la Sainte Famille.

BALEM (Van) et FRANCK.

49 — Dans un médaillon entouré d'une guirlande de fleurs est l'Enfant Jésus soutenant sa croix.

DU MÊME.

50 — Même genre de composition avec médaillon représentant la Vierge et Jésus.

BASSEN (Van) et FRANCK (F.).

51 — Arc de triomphe sur une place où s'élèvent de riches palais.

BÉGA (Corneille).

52 — Famille de villageois hollandais, intérieur.

BESCHEY.

53 — Mariage mystique de Sainte Catherine. Gracieuse composition.

DU MÊME.

54 — Saint Joachim et Sainte Anne présentant leur fille Marie au Grand Prêtre.

DU MÊME.

55 — Jésus, assis sur les genoux de sa mère, bénit Saint François et le petit Saint Jean.

BLOEMAART.

56 — Saint François en contemplation.

DU MÊME.

57 — La Vierge et Jésus.

DU MÊME.

58 — La Naissance du Christ.

BOUT et BAUDEWINS.

59 — Paysage et port de mer.

DES MÊMES.

60 — Rivière bordant l'entrée d'une ville ; sur une route, figures et animaux.

BOUT et BAUDEWINS.

61 — Même genre de composition que les précédents.

DES MEMES.

62 — Entrée de ville avec marché.

DES MEMES.

63 — Paysage ; entrée de ville avec tourelle.

DES MEMES.

64 — Paysage ; intérieur de ville.

BREEMBERG (B.).

65 — Repas de la Sainte Famille.

DU MEME.

66 — Paysage, site italien.

DU MEME.

67 — La Fuite en Égypte.

DU MEME.

68 — Saint François Xavier.

BREUGHEL DE VELOURS (signé).

69 — Paysage avec cours d'eau.

DU MÊME.

70 — Lavandière sur le bord d'un canal longeant l'entrée d'un village.

BREUGHEL DE VELOURS (Signé).

71 — Le peuple entoure Jésus qui fait son entrée à Jérusalem.

DU MÊME.

72 — Paysage avec rivière.

DU MÊME.

73 — Port de mer.
Sur le bord de la rive sont des chaloupes amarrées; sur la plage, pêcheurs et marins.

DU MÊME.

74 — Seigneurs hollandais avec leur suite à l'entrée d'un village.

DU MÊME.

75 — Paysage avec moulin.

DU MÊME.

76 — Paysage hollandais, avec bras de mer chargé de chaloupes et de navires.

DU MÊME.

77 — Campagne flamande offrant, à gauche, un monticule où s'élève un moulin; à droite, entrée de bois bordée par une route; au centre, chariots, paysans et cavaliers traversant un gué.

DU MÊME.

78 — Paysage avec route et moulin.

BREUGHEL DE VELOURS (Signé).

79 — Paysage, site montagneux.

DU MÊME.

80 — Paysage : à droite avenue d'arbres et route avec voyageurs ; à gauche rivière avec embarcations.

DU MÊME.

81 — Rivière baignant un village hollandais.

DU MÊME.

82 — Port de mer.
Jésus, entouré de ses apôtres, aborde une plage où le peuple rassemblé se porte à sa rencontre.

DU MÊME.

83 — Entrée de village avec moulin à vent.

DU MÊME.

84 — Canal chargé d'embarcations contenant des personnages se rendant à un village qui occupe la droite de la composition.

DU MÊME.

85 — Personnages de diverses conditions rassemblées près d'un village bordé par un cours d'eau.

DU MÊME.

86 — Grande route traversant une forêt sur cette route, réunion de gentilshommes, à gauche, mare où se désaltèrent des animaux.

BREUGHEL DE VELOURS (Signé).

87 — Intérieur de village avec canal.

DU MÊME.

88 — Intérieur de village flamand.

DU MÊME.

89 — Pendant du précédent.

DU MÊME.

90 — L'Adoration des Mages; composition capitale, œuvre remarquable.

DU MÊME.

91 — Vue du Tage et du pont de Talavera (Espagne).

DU MÊME.

92 — Paysage avec abreuvoir.

DU MÊME.

93 — Canal hollandais.

DU MEME.

94 — Environs d'Anvers.

DU MEME.

95 — Le Paradis terrestre.

DU MEME.

96 — Adam et Ève chassés du Paradis terrestre.

BREUGHEL DE VELOURS (Signé).

97 — Paysage : sur le devant route avec chariots; à droite un moulin; dans le fond pont conduisant à une ville.

DU MEME.

98 — La Vierge au croissant.

BREUGHEL et VAN BALEM.

99 — Des Anges présentent des fruits à Jésus assis sur les genoux de sa mère, près de laquelle sont saint Jean et sainte Élisabeth.

BREUGHEL, VAN BALEM et VAN KESSEL.

100 — Repos de la Sainte Famille.

BREUGHEL (école de).

101 — La Naissance du Christ. Miniature sur vélin.

BREYDEL (le chevalier).

102 — Marche d'un convoi militaire.

BRIL (P.).

103 — Incendie dans un village flamand.

DU MEME.

104 — Paysage accidenté.

DU MEME.

105 — Paysage montagneux, à droite est une grotte dans laquelle est saint Antoine priant.

BRIL (P).

106 — Paysage, site accidenté.

DU MEME.

107 — Paysage, site agreste.

DU MEME.

108 — Paysage boisé.

DEVOS (C.).

109 — Les Apôtres de Jésus écrivent sous l'influence de sa divine parole.

DIÉTRICH.

110 — L'Adoration des bergers.

ELZEIMER (A.).

111 — Le Sommeil de Jésus.

DU MEME.

112 — Entrée de grotte avec fontaine et lavandières.

FRANCK (François).

113 — Anges offrant des fruits à Jésus assis sur les genoux de sa mère.

DU MEME.

114 — L'Adoration des bergers, composition capitale.

FRANCK (François).

115 — Le Couronnement de la Vierge.

DU MEME.

116 — La Vierge aux Anges.

DU MEME.

117 — La Nativité.

DU MEME.

118 — Anges glorifiant la Vierge et Jésus.

DU MEME.

119 — La Vierge et Jésus.

FRANCK (Sébastien).

120 — Les Miracles de Jésus.

DU MEME.

121 — L'Adoration des Mages.

DU MEME.

122 — Daniel jeté dans la fosse aux lions.

DU MEME.

123 — La Mort de sainte Anne.

DU MEME.

124 — Allégorie religieuse.

FRANCK (Sébastien).

125 — L'Adoration des Mages.

DU MEME.

126 — L'Adoration des Bergers.

DU MEME.

127 — La Mort rend visite à la Richesse.

DU MEME.

128 — Christ flagellé consolé par des Anges.

DU MEME.

129 — Saint Pierre.

DU MEME.

130 — Saint Mathieu.

DU MEME.

131 — Couronnement de la Vierge.

GLAUBER.

132 et 133 — L'Été et l'Hiver. (Gouaches).

GRIFFIER.

134 — Paysage et entrée de ville.

GYZEN (élève de Breughel).

135 — Vaste paysage offrant la vue d'une habitation princière, de son parc et de ses dépendances.

HAFTEN (Van).

136 et 137 — Héraclite et Démocrite.

HUYSMANS (de Bréda).

138 — Paysage, site hollandais.

HANS JORDAENS.

139 — Des Anges brisent l'instrument du supplice de sainte Catherine et lui présentent la couronne des martyrs.

HONTORST (G.).

140 — Les Bergers adorant Jésus nouveau-né.

LAIRESSE (Gérard de).

141 — Le Jugement de Salomon.

DU MEME.

142 — Sujet biblique, pendant du précédent.

KOMPE (Ten).

143 — Ville hollandaise avec canal glacé et patineurs.

MABUSE (Jean de).

144 — L'Eucharistie.

DU MEME.

145 — Funérailles d'un saint.

MIGNON (Abraham, signé).

146 — Fleurs et fruits.

MOL (Van).

147 — Moine en prière.

DU MÊME.

148 — La Vierge, saint Joseph et un Ange adorant Jésus nouveau-né.

DU MÊME.

149 — Ange secourant un Voyageur.

MOLYN (Pierre).

150 — Chaumière hollandaise entourée d'arbres près d'une route, où sont des cavaliers, et des chariots conduits par des paysans.

NEEFS (Pierre).

151 — Effet de nuit. Intérieur d'église; dans le fond deux chapelles éclairées par une vive lumière.

DU MÊME.

152 — Intérieur d'église. Effet de nuit.

DU MÊME.

153 — Intérieur de Cathédrale animé de nombreuses figures.

DU MÊME.

154 — Intérieur d'Église avec chapelle et prêtre officiant

NEEFS (Pierre).

155 — Intérieur d'Église (figures par Franck).

VAN DER NEER (Eglon).

156 — Le jeune Tobie et l'Ange.
Cette belle production, traitée avec une rare finesse, peut figurer avec honneur dans un cabinet de premier ordre.

ORLEY (Gérard Van).

157 — Tête de Christ.

POELEMBURG (Corneille).

158 — Saint Jérôme retiré dans une grotte.

DU MÊME.

159 — La Naissance de Jésus.
Belle qualité du maître.

DU MÊME.

160 — L'ange Gabriel annonce à la bienheureuse Marie la mission divine que lui a réservée le Très-Haut.

ROTHENAMER.

161 — Repos de la Sainte-Famille.

DU MÊME.

162 — Près du Saint-Sépulcre, la Vierge et saint Jean soutiennent le corps inanimé du Christ; près d'eux sont des Anges et la Madeleine en contemplation.

ROTHENAMER.

163 — Evêque méditant.

DU MÊME.

164 — Evêque lisant.

DU MÊME.

165 — Sainte-Famille.

DU MÊME.

166 — La Vierge et des Anges en adoration devant Jésus nouveau-né.

 Nous trouvons derrière le panneau une note indiquant que ce tableau a été payé dans une vente la somme de douze cents francs.

SCHALCKEN (Godefroy, signé du monogramme G. S.).

167 — A la vive lumière d'une bougie, une jeune ménagère arrose des fleurs placées sur l'appui d'une fenêtre.

SCHOEVAERTS.

168 et 169 — Deux paysages boisés animés par de charmantes figures.

DU MÊME.

170 et 171 — Deux autres, même genre que les précédents.

SCHOEVAERTS et BAUDEWINS.

172 — Paysage avec château-fort ; dans le fond, la mer.

DES MÊMES.

173 — Paysage, dans le fond, ville avec rivière ; à droite des habitations entourées d'arbres, sur une route, voyageurs cheminant.

SCHUT (C).

174 — La Vierge couronnée.

DU MÊME.

175 — Intérieur de ville avec cathédrale.

DU MÊME.

176 — Vue des bords du Rhin.

SNAYERS.

177 — Saint François stigmaté visité par des Anges.

STAVEREN (J.-A. Van).

178 — Anachorète en prière dans une grotte. Il tient dans ses mains l'image du Christ ; devant lui est un livre ouvert et un sablier ; autour du tertre sur lequel il est appuyé voltigent des papillons et des oiseaux, autour de larges plantes rendues avec une rare finesse.
Ce tableau rappelle le faire de Gérard de Dow.

DU MÊME.

179 — Deux Religieux en méditation.

STAVEREN (J.-A. VAN).

180 — Même genre de composition que les précédents.

STEENWICK.

181 — Intérieur de Cathédrale.

DU MÊME.

182 — Parc et palais vénitien.

SWAGERS.

183 et 184 — Paysages avec pâturages.
Deux pendants (fixés).

TENIERS fils (DAVID).

185 — Madeleine repentante.

DU MÊME.

186 — Villageois causant sur une route.

THYS.

187 — L'Extase de saint François.

UDEN (VAN).

188 — Paysage d'une immense étendue.

DU MÊME.

189 — Pendant du précédent.

UTTENVOEL.

190 — L'Éducation de la Vierge.

VEEN (Otto Van), dit Ottovenius.

191 — Des Anges visitent et aident la Sainte-Famille dans ses travaux domestiques.

VENNEMAN.

192 — Marché flamand.

VERKOLIE.

193 — Saint Joseph, la Vierge et Jésus.

VERMEULEN.

194 — Village hollandais et canal glacé.

WERBECK.

195 — Halte de Bohémiens.

DE WETH (Jacques, signé).

196 — Jésus, Saint Pierre et Saint Jean, dans une barque, abordant une plage, où des pêcheurs saluent leur arrivée.

DU MÊME.

197 — Les Mages en adoration devant Jésus nouveau-né.

WINANTZ (de Bruxelles).

198 — Vue intérieure de la ville de Gand.

DU MÊME.

199 — Vue de Leyde.

WINANTZ (de Bruxelles.)

200 — Vue de la place et de l'église Saint-Germain-l'Auxerrois.

DU MÊME.

201 — Vue prise à Utrech.

DU MÊME.

202 — Intérieur d'une ville hollandaise.

ZIBRECH.

203 — Paysage hollandais. Effet de neige.

ÉCOLE ALLEMANDE.

DURER (ALBERT).

204 — L'image du Christ sur un linceul soutenu par deux anges.

FERG (FRANÇOIS).

205 — Paysage accidenté, avec route et voyageurs.

DU MÊME.

206 et 207 — Deux petits paysages animés de figures.

DU MÊME.

208 — Paysage. Site italien.

FERG (François).

209 — Bassin d'un port dans l'intérieur d'une ville hollandaise.

DU MÊME.

310 — La Nativité.
Saint Joseph et la Vierge Marie présentent aux bergers Jésus nouveau-né ; au-dessus d'eux un groupe de chérubins glorifie sa naissance.

DU MÊME.

211 — Le Retour de la chasse.

DU MÊME.

212 — Port de mer et entrée de ville.

DU MÊME.

213 — Pendant du précédent.

DU MÊME.

214 — Intérieur d'église au moment de la célébration de l'office divin.

DU MÊME.

215 — Entrée de village.

DU MÊME.

216 — Entrée de ville avec forteresse.

ZAFT LEEVEN

217 — Une Vue des bords du Rhin.
218 — Paysage; à droite, rivière avec bateaux amarrés; à gauche, les ruines d'un château. *Héno*

ÉCOLE FRANÇAISE.

BOILLY (signé).

219 — Les Politiques au jardin des Tuileries.

DEMARNE.

220 — Plage et falaises normandes.

DU MÊME (signé).

221 — Paysage avec ferme et champ de blé.

DEMAY.

222 — Chariot et paysans arrêtés à la porte d'une auberge.

FRANQUELIN (signé).

223 — Femme italienne priant près du berceau de son enfant malade.

JACQUAND (Claudius, signé).

224 — Les Sœurs de Charité.

DU MÊME (signé).

225 — Le Saint Viatique.

JOUVENET.

226 — La mort de saint Louis.   Miniature.

JOUVENET.

227 — L'Incrédulité de saint Thomas.

ROBERT-HUBERT.

228 — Deux paysages même dimension. Campagne de Rome et monuments antiques.

DU MÊME.

228 bis — Fontaine dépendant d'un palais italien.

LAFONTAINE.

229 — Intérieur d'église.

LAHYRE (Laurent de).

229 bis — La Vierge et Jésus.

DU MÊME.

230 — Le Sommeil de Jésus.

LEBRUN.

231 — Le Réveil de Jésus.

LÉPICIÉ.

232 — La Grand'Maman.

MIGNARD (Pierre).

233 — Mademoiselle de La Vallière sous la figure de la Foi. Près d'elle sont deux chérubins qui lui présentent les tables de la loi; un troisième lui offre le calice.
Belle qualité du maître.

LEPRINCE (Xavier).

234 — La Procession.

MALLET.

235 — Le Pardon, composition de trois figures.

POINTAU-DUFRÊNE (1835, signé).

236 — Paysage avec rivière.

PRÊTRE.

237 — Groupe de fleurs, sur porcelaine.

SENAVE.

238 — Intérieur villageois.

DU MÊME.

239 — Marché aux Poissons à l'entrée d'une ville.

SWEBACK DESFONTAINES.

240 — Le Retour du marché.

ÉCOLE ITALIENNE.

141 — Saint François prêchant.

ÉCOLE ROMAINE.

242 — Le Pape Jules II parlant à un cardinal.

J. A. L. (signé du monogramme).

243 — Jeune fille filant.

BALTZ (1823, signé).

244 — Sainte-Famille. Peinture sur porcelaine.

PERNOT.

244 bis — Paysage.   Sépia.

DU MÊME.

245 — Vue prise en Écosse.   Sépia.

DU MÊME.

246 — Chalet suisse.   Id.

DU MÊME.

247 — Bords du Rhin.   Id.

LOVERBEEIKEIN.

248-249 — Paysage, deux pendants.   Id.

VILLERET.

250 — Ville avec cathédrale.   Aquarelle.

INCONNUS.

251 — *Ecce Homo.*   Miniature sur vélin.

252 — Tête de mort et livres.   Miniature.

253 — Saints évêques en prière.

254 — Intérieur de parc.

255 — Sainte Trinité.   Miniature sur vélin.

INCONNUS.

256 — Paysage. Ancien monastère.   Aquarelle.

257 — Vue intérieure du Colisée de Rome.   Id.

358 — Vue extérieure du Colisée de Rome.

259 — Vue du vieux Paris, 1782.   Gravure coloriée.

260 — Le Christ apparaissant aux apôtres.
     Miniature et gouache.

261 — Saint Jean prêchant.   Miniature sur vélin.

261 — Biche et Faons.

263 — Environ cinquante gravures encadrées, d'après Raphaël, Lebrun, Greuze, Colombel, Vanloo et autres.

264 — Sous ce numéro, les tableaux qui pourraient être omis.

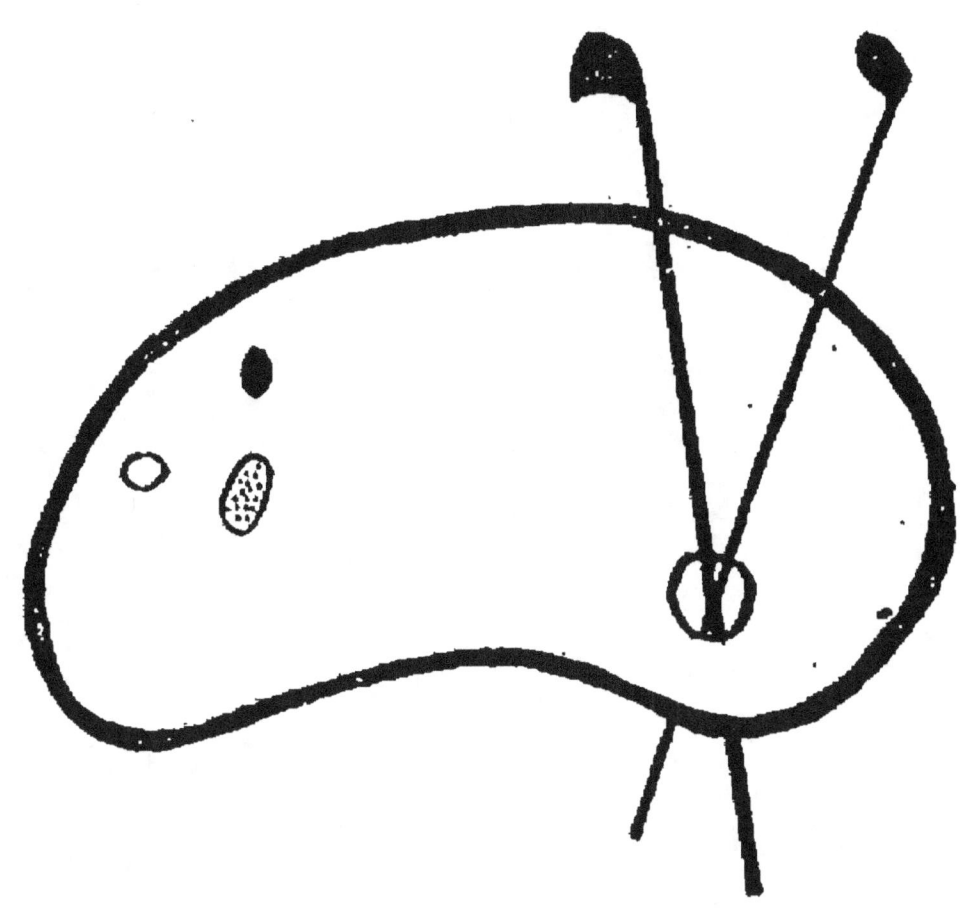

DEBUT D'UNE SERIE DE DOCUMENTS EN COULEUR

13 février 1856 14 février 56   *16*

Exemplaire de Beurdeley père.

VENTE DUFOULEUR

CURIOSITÉS

IVOIRES ET BOIS SCULPTÉS

Me **CHARLES PILLET**, Commissaire-Priseur.
M. **FEBVRE**, Expert.

Les 13, 14, 15 & 16 Février 1856.

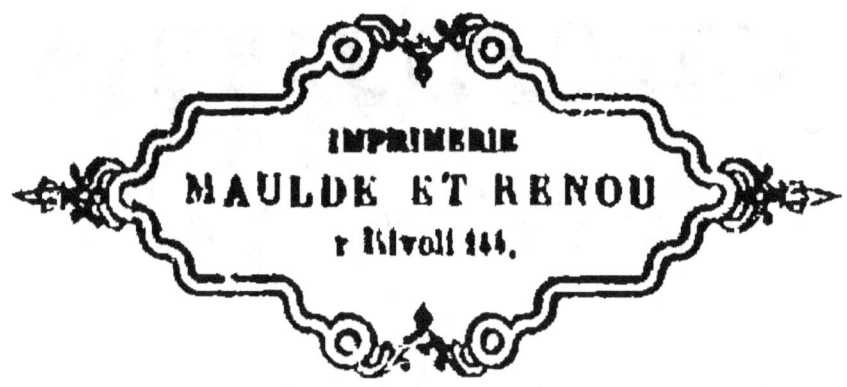

CONDITIONS DE LA VENTE

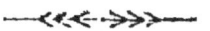

Elle sera faite au comptant.

Les acquéreurs paieront en sus des adjudications, 6 pour 100 applicables aux frais.

LE CATALOGUE SE DISTRIBUE

Paris.............	Chez MM. Charles PILLET, commissaire-priseur, rue de Choiseul, 11.
	FEBVRE, expert, rue de Choiseul, 13.
Lille.............	TENCÉ.
Londres.........	CRISTIL et FARRER.
Bruxelles.......	LEROY et HÉRIS.
La Haye........	ENTHOVEN.
Amsterdam.....	BROUDGHEST.
Rotterdam.....	LAMME, artiste peintre.

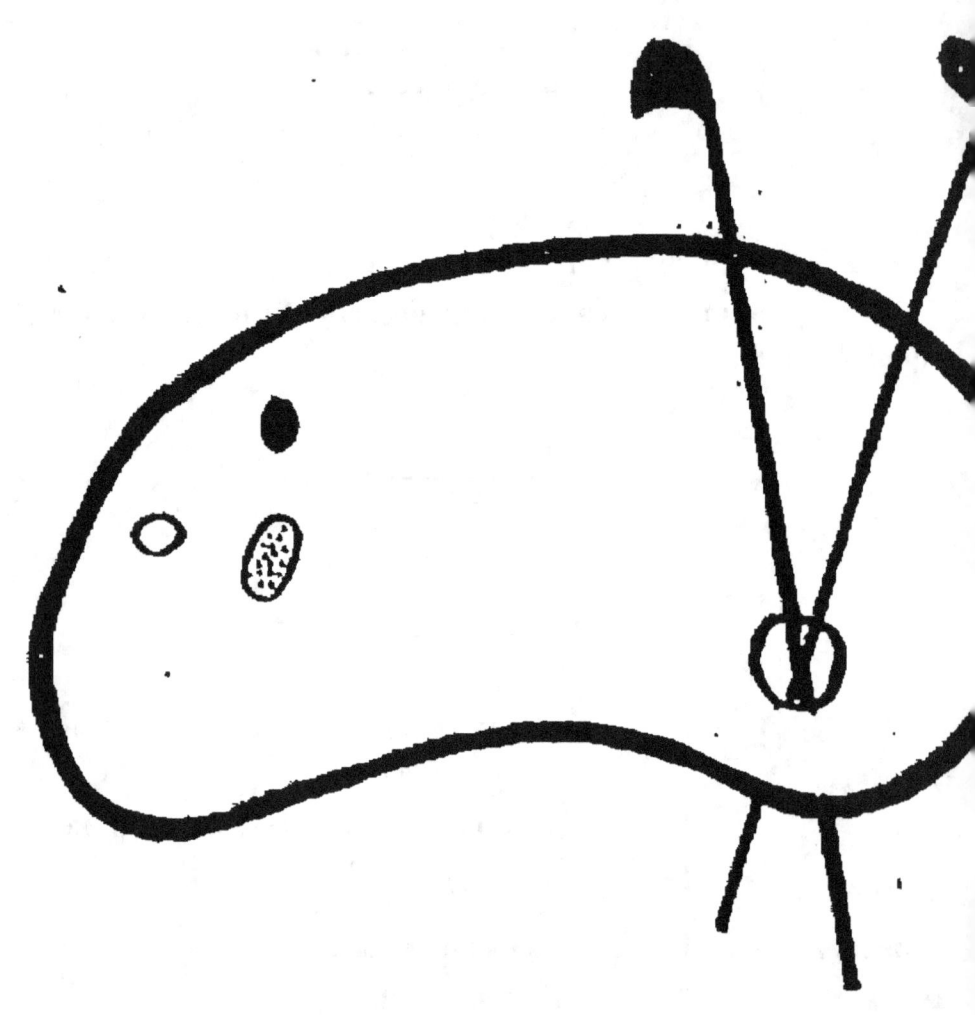

FIN D'UNE SERIE DE DOCUMENTS EN COULEUR

CATALOGUE

D'UNE

PRÉCIEUSE COLLECTION

DE

CURIOSITÉS

COMPRENANT

300 Groupes, Figurines et Bas-Reliefs

EN IVOIRE ET BOIS SCULPTÉ

Et Objets divers

DONT LA VENTE AUX ENCHÈRES PUBLIQUES AURA LIEU

Après décès de

M. L'ABBÉ DUFOULEUR

HOTEL DES COMMISSAIRES-PRISEURS

RUE DROUOT, N. 5

GRANDE SALLE N° 6.

Les Mercredi 13, Jeudi 14, Vendredi 15 et Samedi 16 Février 1856

à une heure très précise les Vacations étant chargées.

Par le ministère de M° **CHARLES PILLET**, Comm^{re}-Priseur,
rue de Choiseul, 11,

Successeur de M. **BONNEFONS DE LAVIALLE**,

Assisté de M. **FEBVRE**, Expert, rue de Choiseul, 13,

chez lesquels se distribue ce catalogue.

EXPOSITION PUBLIQUE

Le Mardi 12 Février 1856, de midi à cinq heures.

1856.

DÉSIGNATION

DES OBJETS

IVOIRES SCULPTÉS

262 — Un bas-relief ; l'Assomption.
263 — Un bas-relief avec couronnement découpé à jour, Saint Pierre.
264 — Un bas-relief sculpté à demi ronde bosse ; Dieu le père soutenant le corps inanimé du Christ.
265 — Une statuette sur un socle en ivoire, et sur un double socle en bois noir ; la Vierge, les bras croisés sur sa poitrine.
266 — Une idem dans son cadre en bronze doré, avec ornements à jour et en argent ; Saint Joseph portant l'Enfant Jésus.
267 — Statuette ; Saint Sébastien.
268 — Un bas-relief dans son cadre en bois sculpté ; le Martyr de Saint Laurent.
269 — Un groupe ; la Vierge et l'Enfant Jésus.
270 — Quatre statuettes montées sur socles en bois doré ; Saint Marc, Saint Luc, Saint Étienne et Saint Laurent.

IVOIRES SCULPTÉS

271 — Une statuette; Mendiant estropié marchant avec des béquilles.
272 — Un groupe de mendiants; vieille femme et enfant.
273 — Un buste de Christ sur socle en cristal de roche.
274 — Une statuette; l'Enfant Jésus tenant et regardant la croix.
275 — Une statuette sur socle en bois avec ornements et pieds en ivoire; Mendiant d'après Callot.
276 — Une statuette; Mendiante. Pendant de la précédente.
277 — Une statuette; Enfant Jésus tenant la croix, le pied gauche appuyé sur une tête de mort.
278 — Une statuette; Saint Louis, la tête couronnée, tenant son sceptre de la main droite.
279 — Une statuette montée sur socle en bois guilloché; Sainte agenouillée et priant.
280 — Un groupe; Saint Christophe portant l'Enfant Jésus.
281 — Un très beau groupe; la Vierge soulevée par des chérubins, est enlevée au ciel.
282 — Une très grande et belle statuette; le Christ s'élevant vers le ciel. Il tient la croix de la main gauche, et élève la main vers le céleste séjour.
283 — Une statuette; Saint Antoine.
284 — Une statuette; Saint François.
285 — Une statuette; un saint.
286 — Un bas-relief dans son cadre en bois doré et sculpté; Jésus couronné d'épines.
287 — Un bas-relief dans un cadre en bois sculpté. Sainte Cécile et des anges chantant les louanges du Seigneur.
288 — Une statuette; Jésus assis et bénissant.

IVOIRES SCULPTÉS

289 — Un groupe très capital; l'Adoration des Mages.
290 — Un bas-relief dans son cadre sculpté et doré; la Sainte Famille, d'après Raphaël.
291 — Un bas-relief; Saint Jérôme en méditation.
292 — Un très beau groupe; Saint Augustin, le saint évêque est debout, il tient la croix de la main droite, et de la gauche un livre sur lequel est un cœur enflammé. Sur le socle, est d'un côté un Chérubin, et de l'autre un livre ouvert. Très belle pièce, le socle avec ornements en argent.
293 — Trois statuettes, Mendiants, hommes, femmes et enfant.
294 — Trois groupes séparés; le Massacre des Innocents.
295 — Un bas-relief; Saint Michel terrassant le démon.
296 — Un médaillon, Ecce Homo et Mater Dolorosa.
297 — Un bas-relief à jour; le Mariage de la Vierge.
298 — Un très beau bas-relief sculpté à ronde bosse; Jésus crucifié entre les deux larrons. Près de lui, le soldat d'Hérode s'apprête à le percer de sa lance, à sa gauche sont les saintes femmes éplorées.
299 — Un bas-relief; le Christ couronné d'épines est assisté par deux anges qui soutiennent son manteau.
300 — Un bas-relief, travail gothique; le Couronnement de la Vierge, avec encadrement, ornements à jour détachés.
    Pièce remarquable.
301 — Un bas-relief; la Vierge, Saint Joseph et l'Enfant Jésus, avec encadrement cuivre et argent.
302 — Un bas-relief; la Vision de Saint Paul.
303 — Un bas-relief; la Vision de Saint François.

IVOIRES SCULPTÉS

304 — Un bas-relief; l'Annonciation de la Vierge.
305 — Une boîte, sur le couvercle, la Vierge et Jésus.
(Collection Debruge).
306 — Un bas-relief; Saint Christophe et Jésus.
307 — Un bas-relief triptique, travail flamand, le sujet principal représentant la Vierge entourée de branchage à jour, de figures costumes Henri IV et d'animaux divers.
Les pièces de côté offrent les figures des quatre évangélistes.
308 — Un bas-relief; la Sainte Famille.
309 — Un très beau bas-relief; la Vierge aux Anges.
310 — Un Christ d'un seul morceau sur sa croix en ivoire.
311 — Un bénétier, bas-relief demi-rond et à jour; l'Adoration des Bergers.
312 — Un bas-relief; Sainte Thérèse soutenue par des anges et enlevée au séjour céleste.
313 — Un bas-relief; la Descente de croix.
314 — Un médaillon; Ecce Homo.
315 — Un médaillon; le Baptême de Jésus.
316 — Un médaillon; Saint Stanislas.
317 — Un médaillon; Saint Eloy de Gonzagues.
318 — Un bas-relief; Saint adorant Jésus et la Vierge.
319 — Un petit bas-relief à jour, la Mire au tombeau, avec accessoires de la Passion.
320 — Un petit bas-relief à jour; Anges adorant la sainte Hostie.
321 — Un petit bas-relief à jour; Vision de Saint François.
322 — Un bas-relief; Saint Jean et l'agneau pascal.
323 — Un médaillon; le Christ au roseau.

IVOIRES SCULPTÉS

324 — Un bas-relief; Pèlerin blessé secouru par un ange.
325 — Un très beau bas-relief; la mort de Saint Sébastien.
326 — Un très beau bas-relief à jour; Saint Sébastien percé de flèches.
327 — Un idem; l'Annonciation.
328 — Un bas-relief capital; la Cène.
329 — Un bas-relief; Saint Sébastien expirant.
330 — Un bas-relief; tête de Christ, cadre rocaille en bois sculpté.
331 — Un bas-relief demi-rond à jour; Adam et Eve.
332 — Un médaillon; tête de Christ.
333 — Un médaillon; buste de la Vierge.
334 — Un bas-relief à jour; Saint Antoine priant.
335 — Un bas relief à jour; Saint Vincent de Paul.
336 — Un médaillon; Saint Jérôme priant.
337 — Un médaillon; Saint Evêque et Jésus.
338 — Un bas-relief; Saint Antoine, Saint Jean et Saint Grégoire.
339 — Un bas-relief en ivoire; les saintes Femmes.
340 — Un bas-relief; Saint Jacques de Padoue.
341 — La Présentation au Temple, bas-relief sur fond en velours.
342 — Saint Sébastien, bas-relief du plus beau travail italien. Le saint martyr est attaché à un arbre, des anges retirent de ses plaies les flèches dont il a été percé.
343 — Saint Jérôme en méditation. Travail italien.
344 — L'Adoration des Mages. bas-relief, haut-relief.
345 — Descente de croix. Bas-relief, travail italien.
346 — Le Serpent d'airain. Bas-relief, très beau travail italien, haut-relief.

IVOIRES SCULPTÉS

347 — Un religieux chargé des instruments de la Passion de N. S., haut-relief.
348 — Un Ange prosterné aux pieds de Jésus nouveau-né. Des Chérubins voltigent au dessus du groupe. Bas-relief, travail italien.
349 — Jésus en croix entre les deux larrons, à ses pieds, les saintes femmes expriment leur douleur. Bas-relief sur fonds de velours.
350 — Moïse demandant à Pharaon la délivrance du peuple d'Israël. Bas-relief, très beau travail italien. Haut relief.
351 — Saint Christophe portant l'Enfant Jésus. Bas-relief, très beau travail italien.
352 — L'Assomption. Bas-relief demi-rond avec socle en ivoire.
353 — L'Annonciation. Bas-relief ovale avec fronton sculpté.
354 — Sainte Famille. Bas-relief octogone, travail italien.
355 — Le Repos de la Sainte Famille. Bas-relief italien du plus beau faire. Très haut relief.
356 — L'Ascension. Bas-relief ovale sur fonds de velours. (Signé Legrand).
357 — L'Adoration des Mages. Bas relief ovale sur fonds de velours. (Signé Lemarchand).
358 — Saint Bruno tenant dans ses bras l'Enfant Jésus. Bas-relief italien.
359 — La Vierge et Jésus. Bas-relief ovale.
360 — La Vierge, Jésus et Saint Jean. Bas-relief d'un charmant travail. Haut-relief.
361 La Vierge soutient sur ses genoux le corps du sauveur. Très beau bas-relief italien.

IVOIRES SCULPTÉS

362 — L'Adoration des bergers. Bas-relief, figures détachées.

363 — Judith tranche la tête à Holopherne. Bas-relief, travail flamand, très haut relief. porte le monogramme TW.

364 — Saint Joseph, Saint Joachim, Sainte Anne et la Vierge Marie. Bas-relief sur velours, travail italien.

365 — La Madeleine, bas-relief italien, très beau travail, haut-relief. Provenant de la vente de Bruges.

366 — L'Annonciation. Bas-relief d'un beau travail.

367 — L'Adoration des Bergers. Bas-relief. Pendant du précédent.

368 — Repos de la Sainte Famille, bas-relief italien, haut-relief. Signé du monogramme H.

369 — Louis XVI sortant de sa tombe. Bas-relief.

370 — Judith tenant la tête d'Holopherne. Très beau bas-relief italien.

371 — Un bas-relief demi-rond et à jour; la Résurrection.

372 — Un bas-relief demi-rond et à jour. Pendant du précédent. l'Assomption.

373 — Un bas-relief demi-rond et à jour. Jésus et la Samaritaine.

374 — Un très beau bas-relief; Ange offrant à Jésus la croix rédemptrice.

375 — Un bas-relief très capital; l'Annonciation.

376 — Un saint Évêque auquel des anges apportent la palme des martyrs. Entourage en marqueterie de Boule.

377 — Allégorie de la vie et de la mort.

378 — Monument italien offrant au centre un bas-relief; l'Adoration des bergers; sur le couronnement, des figures d'anges détachés.

IVOIRES SCULPTÉS

379 — Un bas-relief dans son cadre en ébène ; la Circoncision.
380 — Un petit bas-relief, travail italien ; Saint Jérôme.
381 — Un Calvaire avec les attributs de la Passion ; Bas-relief détaché à jour.
382 — Une figurine ; Saint Nicolas.
383 — Un groupe ; l'Éducation de la Vierge.
384 — Une statuette ; Saint Louis
385 — Un très beau et grand bas-relief de forme demi-ronde ; la Descente de croix.
386 — Une statuette ; Saint Vincent de Paul.
387 — Mater Dolorosa.
388 — Une figurine ; Saint Jean agenouillé.
389 — Saint Charles Borromée tenant le Christ.
390 — Une figurine ; Saint-Antoine.
391 — La Vierge au croissant.
392 — Sainte Anne et Saint François.
393 — Saint Jean prêchant.
394 — La Vierge, Jésus et Saint Jean. Travail flamand.
395 — La Vierge portant Jésus.
396 — Ange posant un casque sur la tête d'un jeune enfant.
397 — Saint Charles Borromée.
398 — Saint François de Salles.
399 — Saint Augustin.
400 — Saint François,
401 — Un très beau groupe italien ; Christ à la colonne, secouru par les Anges.
402 — Un Saint Apôtre.
403 — Sainte Clotilde distribuant des aumônes.
404 — Sainte tenant un cœur enflammé.

IVOIRES SCULPTÉS

405 — Saint Mathieu.
406 — Le Père éternel.
407 — La Vierge et Jésus.
408 — Saint Ildefonse, Archevêque de Tolède.
409 — Saint Jean évangéliste.
410 — Sainte Thérèse.
411 — Un petit monument circulaire avec dôme supporté par des colonnes détachées. Au centre, Groupe de la Résurrection.
412 — Un Saint Évêque.
413 — La Vierge Marie et Saint Joseph agenouillés adorant Jésus nouveau-né. Cet ensemble se compose par trois pièces détachées. Le travail est du plus beau faire italien.
414 — Deux flambeaux et dix vases, de diverses formes et grandeurs, d'un très beau travail guilloché et tourné.
415 — Un petit Christ italien d'un seul morceau. Cet article est renfermé dans un hanap en cristal de roche creusé dans la masse.

 Il est garni d'une riche monture en argent, avec ornements à jour.

 Ces deux pièces seront vendues séparément.
416 — Un grand et magnifique Calvaire. Le Christ en croix entre les deux larrons et les saintes femmes. Six figures détachées.
417 — Vierge et Jésus, ivoire gothique du XIV° siècle.
418 — Sainte Anne.
419 — Le Sommeil de Jésus.
420 — Petit Saint Jean.

IVOIRES SCULPTÉS

421 — Un Mendiant.
422 — La Fuite en Egypte. Trois figures et trois têtes de mort.
423 — Un Saint Jérôme, travail italien.
424 — Jésus debout.
425 — Saint Joseph et Jésus.
426 — Un guerrier prisonnier priant.
427 — Saint Jean et l'agneau pascal.
428 — Un bas-relief ; l'Adoration des bergers.
429 — Gloire d'anges.
430 — Treize médaillons, au centre le Christ entouré des douze apôtres.
431 — L'Extase de Saint François, cadre, bronze doré.
432 — Un médaillon à double face ; Saint Joseph et Jésus.
433 — Un bas-relief ; l'Adoration des bergers.
434 — Un coffre sculpté sur toutes faces. Travail chinois.
435 — Trente-six pièces, médaillons, bas-reliefs pleins et à jour, représentant des sujets saints, des marines et des paysages.
436 — Un très-beau bas-relief : saint en adoration devant le Christ, autour de lui et sur sa tête voltigent des Chérubins.
437 — Saint François portant Jésus.
438 — Bénitier, au centre la flagellation.
439 — Un bas-relief italien, Jésus insulté.
440 — Un petit Christ sur sa croix en ivoire.
441 — Un petit Christ sur une croix en bois.
442 — Sainte Clotilde.
443 — Pape bénissant.
444 — Jésus soutenant la croix.

IVOIRES SCULPTÉS

445 — Statuette de saint Louis.
446 — Évêque priant.
447 — Deux vases tournés, montés sur socles en bois.
448 — Saint tenant une croix.
449 — L'Archange Michel terrassant le Démon.
450 — Sous ce numéro les ivoires omis.

BOIS SCULPTÉS.

451 — Un très-beau groupe en bois, sujet de la Flagellation, trois figures sur socle en bois noir, avec bas-reliefs et figures d'Anges.
452 — Un groupe en poirier, saint Joseph et l'Enfant-Jésus.
453 — Un très-beau groupe, la Vierge et Jésus.
454 — Une statuette, saint Pierre.
455 — Une statuette, saint Mathieu.
456 — La Vierge et Jésus.
457 — La Vierge et Jésus.
458 — Saint Sébastien percé de flèches.
459 —   Idem.   Idem.
460 — Saint retiré dans une grotte, bas-relief.
461 — Saint retiré dans une grotte entourée de bêtes féroces.
462 — La Création, bas-relief.
463 — Le Christ mort sur les genoux de la Vierge.
464 — Un très-beau groupe figures rondes bosse, le Baptême de Jésus.
465 — Le Martyr d'un sainte, sculpture à haut-relief.

BOIS SCULLTÉS

466 — Le Vierge au croissant.
467 — La Mise au tombeau, huit figures à haut-relief.
468 — Saint Pierre, bas-relief.
469 — L'Annonciation, idem.
470 — Vision de saint Paul.
471 — Bas-relief cintré, le couronnement de la Vierge.
472 — Un très-beau bénitier, l'Érection en croix.
473 — Un médaillon, saint Pierre.
474 — Le Repos de la Sainte-Famille.
475 — L'Ange apparaissant aux bergers.
476 — Un groupe, la Vierge, saint Joseph et Jésus.
477 — Vierge et Jésus.
478 — Vierge et Jésus.
479 — Saint Jérôme, bas-relief.
480 — Prière à la Madone.
481 — Vierge tenant Jésus.
482 — Une statuette, saint François.
483 — Une statuette, saint évêque.
484 — Salutation angélique.
485 — La Vierge.
486 — Idem.
487 — Le Baptême d'un prince payen.
488 — Missionnaire prêchant.
489 — Petit coffret sculpté à l'intérieur, le Christ au tombeau.
490 — Saint évangiliste, bois sculpté et doré.
491 — Groupe, saint Joseph conduisant Jésus.
492 — Un Manche de couteau, le Sacrifice d'Abraham.
493 — Statuette de Vierge.
494 — Idem. Idem.

BOIS SCULPTÉS

495 — Saint Joseph, la Vierge et Jésus.
496 — Un groupe, cavaliers hongrois.
497 — La Vierge et saint Joseph.
498 — Une cuillière avec figures à haut-relief.
499 — Saint Eloy.
500 — Sainte Famille.
501 — Support en bois sculpté.
502 — Six petits tableaux, intérieurs suisses.
502 bis. Trois très-beaux bas-reliefs rondes bosses, la Sainte Famille, la Nativité et l'Adoration des Mages.

OBJETS DIVERS.

503 — Un médaillon en cire, portrait de Mazarin.
504 — Une Croix, peinture sur cuivre; six médaillons, saints et histoire de la Vierge.
505 — Une Assomption, miniature italienne sur ivoire, cadre en argent.
506 — L'Annonciation, peinture sur lapis-lazuli.
507 — Trois charmantes petites peintures italiennes sur cuivre, la Visitation, l'Annonciation et l'Adoration des bergers.
508 — Peinture espagnole, la Vierge et Jésus.
509 — Les douze Apôtres, peintures italiennes dans leurs cadres en ébène.
509 bis. Repos de la Sainte Famille, bas-relief en bronce.
510 — Une très-jolie petite boîte, sur son pied en laque aventuriné.

OBJETS DIVERS

511 — Une miniature sur ivoire, d'après Raphaël.
512 — Peinture italienne, la Vierge et le Christ mort.
513 — Peinture italienne sur albâtre orientale, la Fuite en Egypte.
514 — Attributs de la mort, émail, par Laudin.
515 — Paysage, mosaïque en bois.
516 — Bas-relief en bois sculpté, paysage.
517 — Corne sculptée, sujet de chasse.
518 — Deux reliquaires italiens dans leurs cadres en bois sculpté.
519 — Un bas-relief en cire, le Sacrifice d'Abraham.
520 — Douze bas-reliefs en ivoire sculpté, représentant des paysages et des marines.
521 — Deux grands médaillons en biscuits de Sèvres, bouquets de fleurs.
522 — Saint Joseph et Jésus, miniature sur vélin.
523 — Deux médaillons sur marbre, le Christ et la Vierge, cadres en marbre.
524 — Deux petites peintures, saint Jean et la Vierge.
525 — Peinture sur cuivre, la Vierge.
526 — Émail camaïeu, Sainte Famille.
527 — Bas-reliefs en nacre, Josué arrêtant le soleil.
528 — Miniature, le cardinal Fleury.
529 — Saint Pierre de Rome et le Vatican. — Dessins.
530 — Sous ce numéro les objets omis.

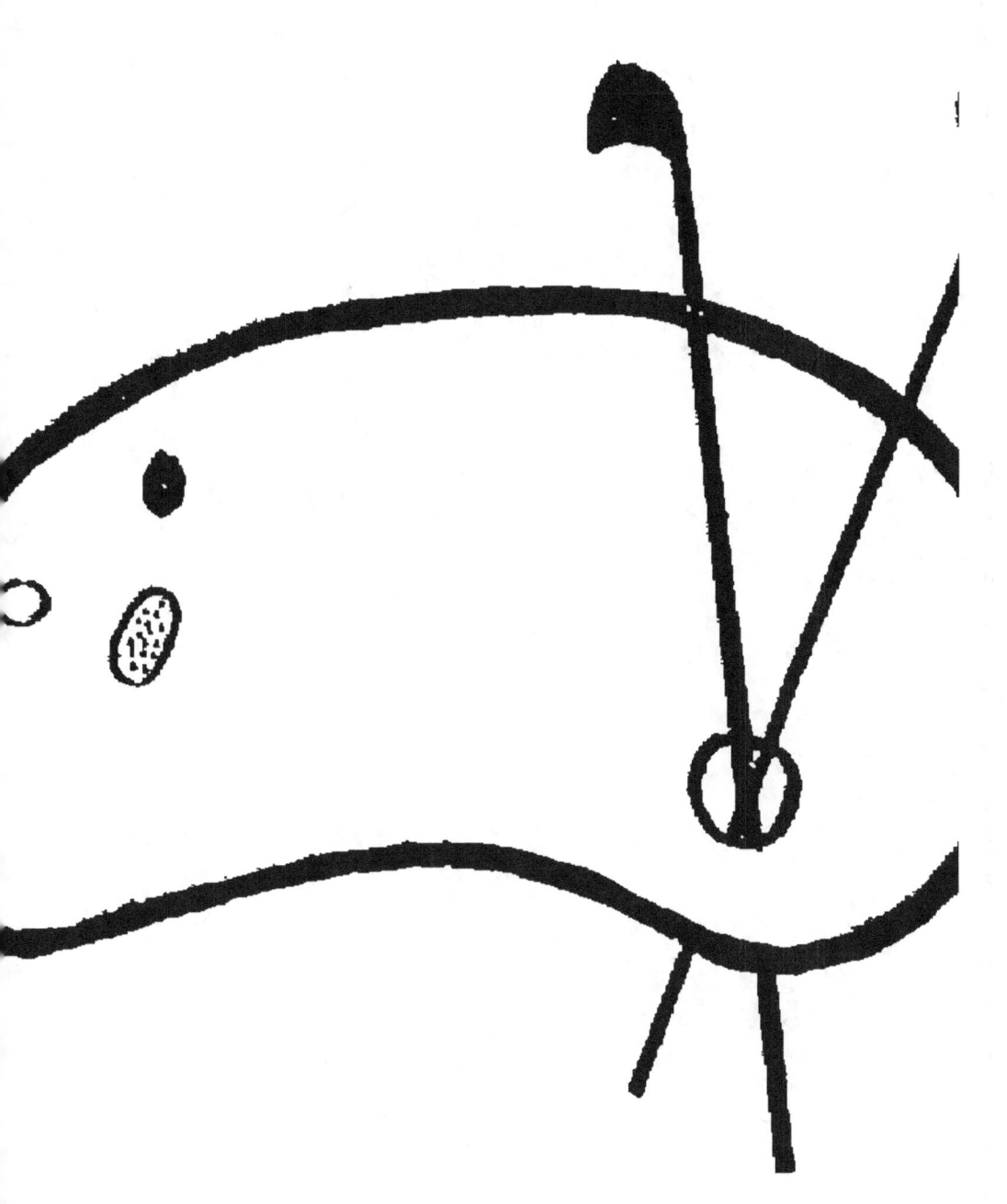

ORIGINAL EN COULEUR

17000
7000
4500
2000
30500
5000
3000
15000
53500

www.ingramcontent.com/pod-product-compliance
Lightning Source LLC
Chambersburg PA
CBHW030049230526
45471CB00003B/1009